Marie-Luise Langwald · Michael Blum
Getauft und selbstbewusst

REIHE DER SAKRAMENTE

Die Taufe

Marie-Luise Langwald
Michael Blum

Getauft und selbstbewusst

Beuroner Kunstverlag · Patris Verlag

Alle Rechte vorbehalten · Printed in Germany

© 2003 by Beuroner Kunstverlag, Beuron/Donau
Patris Verlag GmbH, Vallendar-Schönstatt
Buchgestaltung: Achim Köppel, Sigmaringen

ISBN 3-87071-098-5 (Beuroner Kunstverlag)
ISBN 3-87620-236-1 (Patris Verlag)

Inhalt

- 6   Einführung
- 8   Name
- 12   Kreuzzeichen
- 16   Salbung mit Katechumenenöl
- 20   Taufwasserweihe
- 24   Taufe
- 28   Salbung mit Chrisam
- 32   Überreichung des weißen Kleides
- 36   Übergabe der brennenden Kerze
- 40   Effata-Ritus
- 44   Segen

Einführung

Wer bin ich?
Was kann ich?
Was soll ich?
Wer werde ich sein?

Fragen, die vielen Menschen ganz persönlich vertraut sind. Auch wenn wir das Erwachsenen-Alter längst erreicht haben, ist der Prozess der Ich-Werdung nicht abgeschlossen. Als Kinder haben wir gelernt, „Ich" zu sagen. Als Jugendliche haben wir unser Ich gegen andere verteidigt und abgegrenzt. Als junge Erwachsene haben wir durch Schule und Ausbildung an Ich-Identität gewonnen. Und doch ist etwas – wir selbst? – oft auf der Strecke geblieben, unter-entwickelt. Wie ein zu schwach belichteter Film.

Wer mit Menschen zu tun hat, kann die beschriebene Unter-Entwicklung manchmal feststellen. Leidvoll feststellen. Leidvoll erlebt bei Kindern, manchmal auch Eltern, Freundinnen und Freunden. Minderwertigkeitsgefühle, Selbstzweifel, fehlende Ich-Stärke sind häufig festzustellende Zeitkrankheiten. Und die Unfähigkeit, damit umzugehen, bereitet vielen Menschen Kopfschmerzen. Hilfestellungen haben nur selten Erfolg.

Dabei hätten wir so gerne Freude an der eigenen Stärke und Kraft. Für uns und für andere. Wie aber ist sie zu vermitteln? Wie ist der „Film", der ein jeder Mensch ist, in seiner vollen Farbigkeit und Schönheit klarer zu entwickeln? Eine Frage, die sich auch den Seelsorgerinnen und Seelsorgern in den Gemeinden immer häufiger stellt.

Als getaufte Menschen haben wir es eigentlich gar nicht nötig, an der eigenen Identität zu zweifeln. Stärke und Kraft, Identität und Selbstbewusstsein sind uns mit der Taufe gegeben. Doch reicht diese Wirklichkeit scheinbar nicht aus. Sie muss neu entdeckt und zu einer persönlichen Wirklichkeit werden und somit zu einem „Heilmittel" für jede Form von Minderwertigkeit oder Selbstzweifel.

Name

In den neun Monaten des Wartens auf die Geburt eines Kindes stellt sich für die werdenden Eltern die Frage nach dem Namen, den sie ihrem Kind geben möchten. Viele kennen diese Fragestellung als sehr bewegend. Namen werden ausgesucht und verworfen. Es scheint schwer zu sein, einem Menschen, den ich noch nicht gesehen habe, der sich noch entfalten und entwickeln muss, einen Namen zu geben, mit dem er sein ganzes Leben lang leben muss. Für die meisten Eltern kommt dann aber noch vor der Geburt des Kindes der Zeitpunkt, an dem sie sich für einen Namen entscheiden. Und wenn dann das Kind geboren ist, sind sie froh, ihr Kind bei seinem Namen rufen zu können – vom ersten Augenblick seines Daseins an.

Die Kirche nimmt diese erste Namensnennung der Eltern ernst. Bei der Taufe werden sie gefragt: „Welchen Namen haben Sie Ihrem Kind gegeben?" Und der Name, den das Kind seit seiner Geburt trägt, wird neu gesagt und gleichsam bestätigt in der Feier der Taufe. Und auch im Tauf-Gottesdienst wird – wie bei der Geburt – hörbar, dass es die Eltern sind, die ihrem Kind den Namen geben. Den Namen, den das Kind tragen soll. Den Namen, der sich entfalten wird. Das Kind ist nicht mehr ein namenloser Mensch. Es trägt einen Namen. Es hat eine Identität. Unverwechselbar und einmalig. Aber nicht abgeschlossen. Es ist dem Kind ein Name gegeben, der sich entfalten und entwickeln muss und wird.

Name

*Der Taufende fragt die Eltern:
„Welchen Namen haben Sie
Ihrem Kind gegeben?"*

Bei meiner Taufe wurden meine
Eltern gefragt:
„Welchen Namen haben Sie
Ihrem Kind gegeben?"

Eva
Daniel
Lena
Sven

Ein Name.
Dem Kind gegeben.
Damals.

Und ich höre die Frage:
Welchen Namen trägst du?
Heute.

Alexander
Katharina
Tobias
Theresia

Ein Name.
Eine Identität.
Ein Ich.

Ein Name entfaltet sich.
Ich darf zu mir finden
und suche weiter nach mir.

Angela
Thomas
Hildegard
Klaus

Getauft auf den Namen Christus.
Hinein genommen in seine
Identität und von ihm bei meinem
Namen gerufen.

Immer neu.

Kreuzzeichen

Das Kind hat einen Namen erhalten. Eine einmalige und unverwechselbare Identität. Es bleibt nicht bei dieser persönlichen Identität. Taufe heißt: Das Kind wird hinein genommen in eine größere Identität: in die der Gemeinde und der Kirche. Der Taufende spricht zu Beginn der Tauffeier:

„Mit großer Freude nimmt dich die christliche Gemeinde auf. In ihrem Namen bezeichne ich dich mit dem Zeichen des Kreuzes. Nach mir werden auch deine Eltern und Paten dieses Zeichen Christi, des Erlösers, auf deine Stirn zeichnen."

Zum persönlichen Namen kommt der Name Christi hinzu. Das Kreuz Christi, auf die Stirn gezeichnet, wird ein unauslöschliches Merkmal sein, das das Leben des Kindes begleitet. Das es stark macht. Das es in leidvollen Situationen seines Lebens nicht verzweifeln lassen wird. Wenn das Kreuz und der, der es getragen hat, zu einer lebendigen Wirklichkeit wird. Das Kreuz kennzeichnet. Es prägt und will sich immer mehr ausprägen.

Kreuzzeichen

*Der Taufende spricht zu Beginn der Tauffeier:
„Mit großer Freude nimmt dich die christliche Gemeinde auf. In ihrem Namen bezeichne ich dich mit dem Zeichen des Kreuzes. Nach mir werden auch deine Eltern und Paten dieses Zeichen Christi, des Erlösers, auf deine Stirn zeichnen."*

Bezeichnet
mit dem Zeichen des Kreuzes.
Gezeichnet.
Gekennzeichnet.

Als Kind
hast du,
Christus,
mich
bezeichnet,
gezeichnet,
gekennzeichnet.

Als Kind
hast du mich
mit deinem Zeichen versehen.
Für damals
und für immer.

Als Kind
hast du dich
mir aufgeprägt,
auf die Stirn gezeichnet,
ins Leben eingeschrieben.

Als Kind
hast du
dein Kreuz
in mein Leben geschrieben.

Ich ahne
die Bürde
und Würde,
die Last
und Chance.

Ich trage
dich
bei
mir –
immer.

Ich trage
dich
auf meiner Stirn
und in meinem Herzen –
durch jeden Tag.

Und dein Kreuz,
du
trägst
mich.

Salbung mit dem Katechumenenöl

Jedes Leben ist bedrohtes Leben, ist gefährdet und auf vielfache Weise dem Tod ausgeliefert. Diese Erfahrung macht nicht nur, wer ein kleines Kind in seinen Armen trägt. Es ist eine Erfahrung, die die Menschen und die Menschheit immer wieder gemacht haben und machen. Krankheit, Krieg, Katastrophen begleiten die Menschen durch alle Jahrhunderte.

Im alltäglichen Leben haben Menschen Öle und Salben entdeckt und entwickelt, die den Körper schützen, die ihm Kraft und Widerstand geben. Die Taufe knüpft an diese Erfahrung an, indem sie bei der Taufe eines Menschen ein besonderes Öl verwendet. Der Täufling wird auf der Brust mit dem Katechumenenöl gesalbt:

„Es stärke dich die Kraft Christi, des Erlösers. Zum Zeichen dafür salben wir dich mit dem Öl des Heiles in Christus, unserem Herrn, der lebt und herrscht in alle Ewigkeit. Amen."

Nicht irgendein Öl ist es, das stark macht, nicht eine Salbe oder ein äußerer Schutz. Es ist Christus selbst, der das Leben schützen will und wird, der Kraft verleiht und Heil schenkt.

Salbung mit dem Katechumenenöl

„Es stärke dich die Kraft Christi, des Erlösers. Zum Zeichen dafür salben wir dich mit dem Öl des Heiles in Christus, unserem Herrn, der lebt und herrscht in alle Ewigkeit. Amen."

Kleines Leben,
jedes Leben
ist schwaches Leben,
es sucht die Stärke
und braucht die Kraft.

Kleines Leben,
jedes Leben
ist bedrohtes Leben,
es sucht die Hilfe
und braucht den Schutz.

Kleines Leben,
jedes Leben
ist gefährdetes Leben,
es sucht das Heil
und braucht Gott.

Ich bin
auf der Brust
gesalbt
mit Katechumenenöl.

Du,
Christus,
bist meine Stärke,
du
bist meine Hilfe,
du
bist mein Heil.

Schutz-Mantel-Christus
bist du
für mich.

Taufwasserweihe

Vom Beginn seines vor-geburtlichen Lebens an lebt ein Kind im Wasser. Wasser hüllt es ein. Im Wasser bewegt sich das Kind. Frucht-Wasser kann sogar getrunken werden. Lebensgefahr besteht, wenn das Fruchtwasser verloren geht.

Auch im späteren Leben besteht Lebens-Gefahr, wenn Wasser fehlt. Wo es kein Wasser gibt, da gibt es kein Leben. Wo es kein Wasser gibt, da müssen Pflanzen, Tiere und Menschen sterben.

So ist es nicht zu verwundern, dass auch in der Glaubensgeschichte Wasser eine zentrale Rolle spielt. Die göttliche Geist-Kraft schwebt und brütet am Schöpfungsmorgen über dem Wasser, um ihm heiligende Kraft zu geben. Menschen werden aus der Sintflut gerettet. Und die Rettung am Schilfmeer zeigt endgültig, dass Gott Interesse hat am Über-Leben der Menschen.

Jesus stellt sich in die Reihe der Menschen, die von Johannes am Jordan getauft werden. Am Kreuz fließen Blut und Wasser aus seiner Seitenwunde. Die Kirche wird geboren. Nach seiner Auferstehung gibt Jesus den Jüngern den Auftrag: „Geht hin und lehrt alle Völker und tauft sie im Namen des Vaters und des Sohnes und des Heiligen Geistes."

Die Jünger und in ihnen die frühe Kirche haben diesen Auftrag angenommen. Menschliche Geburt geschieht aus dem Wasser. Auch die Geburt in die Kirche, in die Gemeinschaft der zu Jesus Christus Gehörenden, geschieht im Zeichen des Wassers. Deshalb geschieht Taufe im Zeichen des Wassers und deshalb wird für die Taufe Wasser geweiht.

„Allmächtiger, ewiger Gott. Von Anbeginn der Welt hast du das Wasser zu einem Sinnbild des Lebens gemacht.
Wir bitten dich: Segne dieses Wasser, das für die Taufe bestimmt ist, und schenke den Kindern, die damit getauft werden, das neue Leben in deiner Kirche durch Christus, unseren Herrn. Amen."

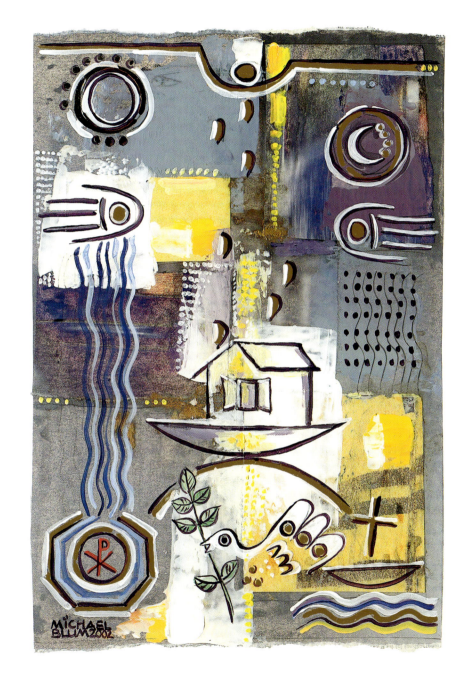

Taufwasserweihe

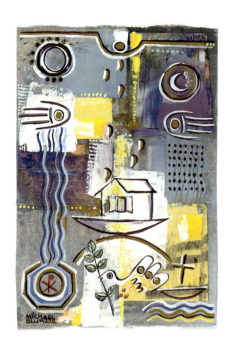

„Segne dieses Wasser,
das für die Taufe bestimmt ist,
und schenke den Kindern,
die damit getauft werden,
das neue Leben in deiner Kirche
durch Christus, unseren Herrn.
Amen."

Wasser des Lebens,
stärke in diesem Kind alles,
was dir entgegenwachsen will.
Immer wieder.
Wie am Schöpfungsmorgen.

Wasser des Todes,
vernichte in diesem Kind alles,
was dir entgegensteht.
Immer wieder.
Wie durch eine Sintflut.

Wasser der Freiheit,
führe dieses Kind
aus allen Gefangenschaften.
Immer wieder.
Wie am Roten Meer.

Wasser der Gewissheit,
überrasche dieses Kind
mit deiner Gegenwart.
Immer wieder.
Wie am Felsen in der Wüste.

Wasser der Taufe,
begleite dieses Kind
in die Gemeinschaft mit dir.
Immer mehr.
Wie am Jordan.

Wasser der Hochzeit,
beschenke dieses Kind
mit deiner Fülle.
Immer mehr.
Wie in Kana.

Wasser der Sehnsucht,
offenbare diesem Kind
deine Größe.
Immer mehr.
Wie am Jakobsbrunnen.

Wasser des Sturmes,
rette dieses Kind
aus allen Gefahren.
Immer neu.
Wie am See.

Wasser der Liebe,
zeige diesem Kind
deine Tränen.
Immer neu.
Wie am Ölberg.

Wasser der Wunde,
schenke diesem Kind
Leben durch dich.
Immer neu.
Wie am Kreuz.

Wasser des Lebens,
belebe in diesem Kind alles,
was fruchtbar werden will.
Immer neu.
Wie im Himmel.

Taufe

Und wieder stellt sich die Frage nach der Identität, nach dem eigenen und ganz persönlichen Ich. Wer bin ich? Taufe bringt in lebendigen Kontakt mit dem dreieinigen Gott. Reicht den Christinnen und Christen nicht ein Gott aus? Ein Gott ja, aber der eine Gott in drei Personen will das Leben prägen.

Wie gut ist es, diesen dreieinigen Gott zu haben: Gott, den Schöpfer, Vater und Mutter unseres Lebens, Christus, den Erlöser, Mensch geworden, in allem uns gleich geworden, den Heiligen Geist, die göttliche Geist-Kraft, lebendig und Leben schaffend. Gott ist einer, und er ist Gemeinschaft. Es gibt Zeiten, in denen meine Identität in Gefahr ist, weil ich mich einsam und allein fühle, weil ich „allein gegen den Rest der Welt" zu kämpfen glaube, weil ich wie Robinson auf einer Insel lebe. Wie gut ist es da, mit einem Gott im Bunde zu sein! Ich und Gott. Wir. Und wir sind viele. Gott ist Gemeinschaft. Um wieviel mehr dann ich und Gott!

„Ich taufe dich im Namen des Vaters, des Sohnes und des Heiligen Geistes."

Vater, Sohn und Heiliger Geist nehmen das Leben des Kindes in ihr eigenes auf. Nicht nur die Eltern, nicht nur die Kirche, Gott selbst hat als Vater und Mutter, als Sohn und als göttliche Geist-Kraft ein Interesse am Leben und Wachsen des Kindes. An seiner Entfaltung. An seiner Ich-Werdung.

Wenn die Kirche einen Menschen tauft, dann tut sie dies im Zeichen des Wassers, des Leben spendenden Wassers. Dies bekräftigt die schon vor der Geburt gemachte Erfahrung: Ohne Wasser gibt es kein Leben.

Wasser ist aber nicht nur ein Leben spendendes und Leben rettendes Element. Wasser kann das Leben auch gefährden und zerstören. Naturkatastrophen zeigen das immer wieder. In der Taufe mit Wasser wird spürbar, dass menschliches Leben bedrohtes Leben ist, dass Leben immer Leben zum Tod ist. Sinnenfällig wird dies, wenn nicht nur der Kopf des Täuflings mit etwas Wasser übergossen wird, sondern der Mensch ganz hinabsteigt und eintaucht in das Wasser. So hat die Kirche in ihrer Frühzeit Taufe vollzogen. So tut sie es manchmal auch heute wieder. Und dann bleibt es nicht beim Hinabsteigen. Wer hinabgestiegen ist in das Wasser, steigt heraus, wird gleichsam neu geboren. So erfüllt sich neu, was Paulus in seinem Brief an die Gemeinde in Rom geschrieben hat: „Wisst ihr denn nicht, dass wir alle, die wir auf Christus Jesus getauft wurden, auf seinen Tod getauft worden sind? Wir wurden mit ihm begraben durch die Taufe auf den Tod; und wie Christus durch die Herrlichkeit des Vaters von den Toten auferweckt wurde, so sollen auch wir als neue Menschen leben" (Röm 6,3-4).

Taufe

„Ich taufe dich im Namen des Vaters, des Sohnes und des Heiligen Geistes."

Im Namen des Vaters,
der die Welt
und mich
erschaffen hat,

im Namen des Sohnes,
der die Menschen
und mich
erlöst hat,

im Namen des Heiligen Geistes,
der die Berufenen
und mich
sendet,

bin ich getauft.

Er,
der Vater,
der den Sohn getauft hat,
tauft mich mit seiner Liebe
und zieht mich
in die Gemeinschaft mit sich.

Er,
der Sohn,
der getauft wurde,
tauft mich mit seinem Leben
und zieht mich
in die Gemeinschaft mit sich.

Er,
der Heilige Geist,
der neu tauft,
tauft mich mit seinem Feuer
und zieht mich
in die Gemeinschaft mit sich.

Ich lebe
hinein getauft
in die Gemeinschaft,
die Gott ist.

Wir leben
in Gemeinschaft:
der Vater,
der Sohn,
der Heilige Geist
und ich!

Salbung mit Chrisam

Noch einmal benutzt der Taufende ein geweihtes Öl: Chrisam. Priester, Könige und Propheten wurden in alter Zeit mit dem Öl gesalbt. Für ihre besondere Aufgabe gestärkt. Die Kirche knüpft an diese Tradition an:

„Der allmächtige Gott, der Vater unseres Herrn Jesus Christus, hat dich von der Schuld Adams befreit und dir aus dem Wasser und dem Heiligen Geist neues Leben geschenkt. Du wirst nun mit dem heiligen Chrisam gesalbt; denn du bist Glied des Volkes Gottes und gehörst für immer Christus an, der gesalbt ist zum Priester, König und Propheten in Ewigkeit. Amen."

Sicher ist das eine immer neu zu entdeckende Kraft-Quelle: Getaufte haben Anteil am Priestertum Jesu, an seinem Königtum, an seinem prophetischen Auftrag.

Menschen – wir – dürfen in der Nachfolge Jesu Christi priesterliche Menschen sein: Menschen, die die Welt vor Gott tragen und die gleichzeitig Gott in die Welt tragen. Selbstbewusst und eigenständig.

Menschen – wir – dürfen in der Nachfolge Jesu Christi königliche Menschen sein: Menschen, die aufrecht stehen, die um ihre Würde wissen, um ihre Schönheit, um ihre Größe. Menschen, die ein königliches Bewusstsein haben. Jenseits aller Regenbogen-Könige und -Königinnen.

Menschen – wir – dürfen in der Nachfolge Jesu Christi prophetische Menschen sein: Menschen, die in ihrem Alltag, in den ganz alltäglichen und sogar banalen Dingen Gott entdecken, die die Geschichte deuten und Gott in der Geschichte finden, die das Leben gestalten aus der Erfahrung heraus: Gott ist wirksam.

Vielleicht ist dies ein besonderes „Heilmittel" gegen alle Zweifel im eigenen Leben: das immer neue Bewusstsein der eigenen priesterlichen, königlichen und prophetischen Existenz.

Salbung mit Chrisam

„Der allmächtige Gott, der Vater unseres Herrn Jesus Christus, hat dich von der Schuld Adams befreit und dir aus dem Wasser und dem Heiligen Geist neues Leben geschenkt. Du wirst nun mit dem heiligen Chrisam gesalbt; denn du bist Glied des Volkes Gottes und gehörst für immer Christus an, der gesalbt ist zum Priester, König und Propheten in Ewigkeit. Amen."

Ich bin
berufen
und gesalbt
zum Priester,
zur Priesterin:
wie Christus
und mit Christus
die Welt vor Gott tragen,
sie hinhalten
und bitten um Wandlung.

Ich bin
berufen
und gesalbt
zum König,
zur Königin:
wie Christus
und mit Christus
aufgerichtet sein,
aufrecht stehen
und andere aufrichten.

Ich bin
berufen
und gesalbt
zum Propheten,
zur Prophetin:
wie Christus
und mit Christus
Gott in der Welt entdecken,
Geschichte deuten
und Leben gestalten.

Wie Christus
und mit Christus
darf ich leben
und wirken
und sein
in Ewigkeit.

Überreichung des weißen Kleides

Wer verbindet Taufe nicht mit dem weißen Kleid! Oft ist es zu einem modischen Symbol verkommen. Wer versteht noch die Wirklichkeit:

„Das weiße Kleid soll dir ein Zeichen dafür sein, dass du in der Taufe neu geschaffen worden bist und – wie die Schrift sagt – Christus angezogen hast. Bewahre diese Würde für das ewige Leben."

Immer wieder spricht die Bibel davon, dass Menschen bekleidet sind mit weißen Gewändern. Unschuld und Reinheit werden damit in Verbindung gebracht. Das weiße Kleid ist ein Zeichen für Christus selbst. Er will „Kleid" für uns werden, der, der uns einhüllt, der uns umschließt von allen Seiten, der uns Schutz und Würde gibt. Wo wir zweifeln an uns: Er glaubt an uns. Wo wir gering von uns denken: Er denkt groß von uns. Wo wir uns schmutzig und im Dreck fühlen: Er sieht unsere strahlende Schönheit, das Leben, das wie ein unbeschriebenes Blatt vor ihm und uns liegt. Ein Blatt, auf das die Geschichte unseres Lebens aufgeschrieben werden kann. Christus will Spuren hinterlassen im Leben des getauften Kindes. Wie in einem weißen, unberührten Schnee.

Überreichung des weißen Kleides

"Das weiße Kleid soll dir ein Zeichen dafür sein, dass du in der Taufe neu geschaffen worden bist und – wie die Schrift sagt – Christus angezogen hast. Bewahre diese Würde für das ewige Leben."

Wie weißer Schnee ist dein Leben,
Kind,
frisch
und unberührt,
offen
für deine Spuren.

Wie ein weißes Blatt ist dein Leben,
Kind,
frei
und unbeschrieben,
bereit
für den Roman deines Lebens.

Wie ein weißes Kleid ist dein Leben,
Kind,
rein
und unbefleckt,
Zeichen
für die Würde deines Lebens.

„Ihr alle, die ihr auf Christus
getauft seid,
habt Christus als Gewand
angelegt" (Gal 3,27).

Das weiße Kleid:
Christus
hüllt mich ein.

Das weiße Blatt:
Christus
schreibt mein Leben.

Der weiße Schnee:
Christus
zieht Spuren.

Meine
Christus-Spur
beginnt.

Übergabe der brennenden Kerze

Kerzen und Licht üben eine große Faszination aus. Auch für Menschen, die mit der Kirche wenig zu tun haben. Licht, das nicht aus der Steckdose kommt, Kerzen, die Wärme verbreiten und eine besondere Atmosphäre, werden von vielen Menschen geschätzt und geliebt. Sicher nicht nur deshalb schenkt die Kirche dem neu getauften Kind eine Kerze.

„Empfange das Licht Christi!"

Und der Taufende wendet sich an die Eltern und Paten: „Liebe Eltern und Paten! Ihnen wird dieses Licht anvertraut. Christus, das Licht der Welt, hat Ihr Kind erleuchtet. Es soll als Kind des Lichtes leben, sich im Glauben bewähren und dem Herrn und allen Heiligen entgegengehen, wenn er kommt in Herrlichkeit."

Das getaufte Kind ist erleuchtet. Es lebt im Licht. Licht ist aber weiterhin nötig, damit sich das Leben entfalten kann. Licht ist nötig, damit das Kind im Licht mit den Schattenseiten des eigenen Lebens leben lernen kann. Damit es mit Schuld und Versagen umgehen lernt. Damit es sich „bewähren" kann. Stark werden und sich behaupten kann. Damit es – wie die Kerze – abgeben kann, Licht abgeben, Wärme abgeben, Kraft abgeben. Ohne Angst zu haben zu verlieren. Kleiner, weniger zu werden. Damit es Zuversicht haben kann, andere reich zu machen, Licht und Wärme zu schenken.

Übergabe der brennenden Kerze

„Empfange das Licht Christi!"

*„Liebe Eltern und Paten!
Ihnen wird dieses Licht anvertraut.
Christus, das Licht der Welt,
hat Ihr Kind erleuchtet.
Es soll als Kind des Lichtes leben,
sich im Glauben bewähren und
dem Herrn und allen Heiligen
entgegengehen, wenn er kommt
in Herrlichkeit."*

Licht,
aus der Welt
geboren,
Christus,
Licht gewordener Gott,
erleuchte die Welt
und strahle auf –
auch durch dieses Kind.

Licht,
in die Welt
gekommen,
Christus,
Mensch gewordenes
Antlitz Gottes,
erleuchte die Welt
und mache sie hell –
auch durch dieses Kind.

Licht,
für die Welt
geschenkt,
Christus,
Mittler gewordener Gott,
erleuchte die Welt
und scheine durch –
auch durch dieses Kind.

Christus-Licht,
in der Taufe geschenkt,
in der Kerze gegenwärtig,
den Menschen an-vertraut,
von den Eltern mit „Öl" genährt,
von den Paten beschützt,
im Kind
zur Welt gekommen.

Effata-Ritus

Wer kennt sie nicht, die drei Affen: nichts hören, nichts sehen, nichts sagen. Ein solches Leben ist nicht das der Getauften. Wer getauft ist und im Bewusstsein der eigenen Zugehörigkeit zu Gott lebt, hört, sieht und redet. Nicht aus sich selbst. Weil sie oder er so großartig und kompetent ist. Wer getauft ist und im Bewusstsein der Zugehörigkeit zu Gott lebt, weiß um seine Angewiesenheit auf Gottes Kraft im eigenen Leben.

Wenn der Taufende Ohren und Mund des Kindes berührt, dann spricht er: „So wollen wir den Herrn bitten, dass er diesem Kind helfe, seine Botschaft zu hören und zu bekennen: Der Herr lasse dich heranwachsen, und wie er mit dem Ruf ‚Effata' dem Taubstummen die Ohren und den Mund geöffnet hat, so öffne er auch dir Ohren und Mund, dass du sein Wort vernimmst und den Glauben bekennst zum Heil der Menschen und zum Lobe Gottes."

Den Glauben bekennen „zum Heil der Menschen und zum Lobe Gottes". Auch zum eigenen Heil-Werden. So wie Christus dem Taubstummen Ohren und Mund geöffnet hat, so wird er es dem getauften Kind schenken. Er wird die Ohren öffnen, dass es hören kann. Er wird den Mund öffnen, dass es sprechen kann. Christus wird auch die Ohren öffnen, dass das Kind auf die Regungen im eigenen Herzen hören kann, auf das, was in ihm lebt und immer mehr leben will. Christus wird den Mund öffnen, dass das Kind, der Mensch „Ich" sagen lernt und „Du" und „Wir". Und „Gott".

Effata-Ritus

„So wollen wir den Herrn bitten, dass er diesem Kind helfe, seine Botschaft zu hören und zu bekennen: Der Herr lasse dich heranwachsen, und wie er mit dem Ruf ‚Effata' dem Taubstummen die Ohren und den Mund geöffnet hat, so öffne er auch dir Ohren und Mund, dass du sein Wort vernimmst und den Glauben bekennst zum Heil der Menschen und zum Lobe Gottes."

Immer wieder
spricht Er:
Effata!

Er berührt
dein Ohr:
Öffne dich
und höre
die Klänge der Schöpfung,
die Stimmen der Menschen,
das Wort,
das Er spricht
und ist.

Er berührt
deinen Mund:
Öffne dich
und sprich
in die Sehnsucht der Schöpfung,
in die Herzen der Menschen,
in das Ohr,
das Er hat
und ist.

Effata!
Öffne dich,
Mensch,
und spüre
die Schöpfung,
die Menschen,
deinen Gott,
der dich berührt.

Effata!
Öffne dich!
Tue dich auf,
und mache dich auf!
Dein Leben beginnt!

Segen

Dies alles kann nur geschehen mit dem Segen Gottes. Das Kind wird gesegnet. Mutter und Vater und alle, die das Kind auf seinem Weg begleiten, werden gesegnet. Gesegnet werden die vielen Schritte, die Mutter und Vater und Paten und die Menschen gehen müssen, die das Kind begleiten. Gesegnet werden die vielen Schritte, die das Kind selbst gehen muss, sein Lebens-Weg, sein Weg zum Ich. Und wer gesegnet ist, kann segnen. Kann anderen zum Segen werden. So wie es Gott dem Abraham versprochen hat:
„Ein Segen sollst du sein" (Gen 12,2).

„Es segne euch der allmächtige Gott, der Vater, der Sohn und der Heilige Geist. Amen."

Segen

*„Es segne euch
der allmächtige Gott,
der Vater, der Sohn
und der Heilige Geist.
Amen."*

Sei gesegnet,
Kind,
du wirst wachsen
und immer mehr werden,
was du bist:
Gottes Kind.

Sei gesegnet,
Mutter des neu getauften Kindes,
immer neu
wirst du
Leben empfangen,
gebären
und weiterschenken
an dein Kind.
Und Gottes Abbild sein.

Sei gesegnet,
Vater des neu getauften Kindes,
immer mehr
wirst du
den Weg des Kindes begleiten,
es herausfordern
und fördern
zum Leben.
Und Gottes Abbild sein.

Seid gesegnet,
alle,
haltet diese Stunde
lebendig
und entfaltet sie.

Seid gesegnet
und
seid ein Segen!
Füreinander.

Von der gleichen Autorin erschienen im Patris Verlag:

Langwald, Marie-Luise
An-nähe-rung an einen Gott, der nahe ist
132 S., kt., € 5,50; ISBN 3-87620-179-0
Aufbrechen zu einem Gott, der er-wartet; aufsteigen zu einem Gott, der zieht; An-nähe-rung an einen Gott, der nahe ist; aufblicken zu einem Gott, der herabsteigt; den erwarten, der mich umarmt – das ist mein Glaube.

Langwald, Marie-Luise
Frauen-ge-danken – Begegnung mit biblischen Frauen; Meditationen
121 S., kt., € 6,50; ISBN 3-87620-230-2
Das Denken, Fühlen und Handeln der Frauen von damals ist keine Vergangenheit.
Die Begegnung mit diesen großen Frauengestalten wird in diesem Spiegel zur neuen, lebendigen Begegnung mit Jesus, die froh und dankbar machen kann.

Langwald, Marie-Luise
Frauen-gestalten – Begegnung mit Frauen des Alten Testamentes
121 S., kt., € 5,50; ISBN 3-87620-155-1
Frauengestalten – Frauen gestalten. Wer sich meditierend, nach-denkend den in diesem Buch versammelten alttestamentlichen Frauen – von Eva bis Maria – nähert, entdeckt möglicherweise unbekannte Frauen mit einem lange vertrauten Namen. Die Autorin führt behutsam auf den Weg zur Wieder- oder Neuentdeckung und weist auf Gemeinsamkeiten im Leben unserer biblischen Schwestern hin.

Langwald, Marie-Luise
Lebens-an-Gebote
88 S., kt., € 6,50; ISBN 3-87620-208-6
In den Geboten macht Gott Angebote zum Leben, ‚Lebens-an-Gebote'. Wer die Gebote hält, wer im Bund bleibt, bleibt lebendig und ‚wächst', persönlich und in der Freundschaft mit Gott und den Menschen. Und wer in der Freundschaft mit Gott bleibt, hält die Gebote, kann sie halten. Beides bedingt einander. Von diesem Lebens-an-Gebot Gottes an die Menschen ist in diesem Buch die Rede. Gott schenkt zehn Gebote, damit ‚Leben in Fülle' gelingen kann.

Langwald, Marie-Luise
WiederBeLeben – Von Psalmen, die lebendig sind
132 S., kt., € 5,50; ISBN 3-87620-194-2
Vorwort von Erich Zenger. Psalmen beten kann zum Abenteuer werden, wenn man sich durch sie auf den spannenden Weg der Gott-Suche einlässt. Dieses Buch wird dabei ein hilfreicher Wegbegleiter sein.